QUESTION DE LA PLATA

SECONDE NOTICE ET NOUVEAUX DOCUMENTS.

LES

TRAITÉS LE PREDOUR

DOIVENT ÊTRE RATIFIÉS.

RÉPONSE

A M. EDMOND BLANC,

Ancien Conseiller d'État, ancien Député,

PAR

AUGUSTE BOURGUIGNAT,

Avocat au Conseil d'État et à la Cour de cassation.

PARIS

IMPRIMERIE CENTRALE DE NAPOLÉON CHAIX ET Cie,

Rue Bergère, 20, près du boulevart Montmartre.

1849

SOMMAIRE.

Avant-propos. Lettre de lord Howden à l'auteur.

I. Brochures sur la Plata, signées de noms étrangers. — De qui elles émanent. — Défiance qu'elles doivent inspirer.

II. Prise en considération des brochures écrites par nos compatriotes sur le même sujet.

III. Brochure de M. Edmond Blanc....

IV. .... Ecrite sous l'empire de préjugés.

V. Premier préjugé : Montevideo offrirait à notre commerce un débouché plus considérable que Buenos-Ayres. — Réfutation. — Documents.

VI. Deuxième préjugé : L'émigration française se dirigerait plus volontiers vers la Bande orientale que vers la Confédération argentine. — Réfutation. — Documents.

VII. Troisième préjugé : Le parti unitaire qui domine à Montevideo serait plus favorable aux intérêts français que le parti du général Oribe et que le gouvernement argentin. — Réfutation. — Documents.

VIII. Quatrième préjugé : La France serait obligée moralement et matériellement envers le parti unitaire. — Réfutation. — Documents.

IX. Traités-Le Prédour. — Analyse des articles.

X. Résumé de cette analyse.

DOCUMENTS.

1° État, en 1836, de la population des provinces de la Confédration argentine.

2° Documents sur le commerce maritime *général* de Buenos-Ayres.

3° Intercours entre la France et Buenos-Ayres.

    A. Commerce entre trois des principaux ports de France et Buenos-Ayres, du 1er janvier 1849 au 10 novembre suivant.
- *a*. Du Havre à Buenos-Ayres.
- *b*. De Marseille à id.
- *c*. De Bordeaux à id.

    B. Commerce entre Buenos-Ayres et trois des principaux ports de France.
- *a*. De Buenos-Ayres au Havre.
- *b*. De id. à Marseille.
- *c*. De id. à Bordeaux.

4° Intercours entre la France et Montevideo.

    A. Commerce entre trois des principaux ports de France et Montevideo, du 1er janvier 1849 au 10 novembre suivant.
- *a*. Du Havre à Montevideo.
- *b*. De Marseille à id.
- *c*. De Bordeaux à id.

    B. Commerce entre Montevideo et trois des principaux ports de France.
- *a*. De Montevideo au Havre.
- *b*. De id. à Marseille.
- *c*. De id. à Bordeaux.

AVANT-PROPOS.

Voici une lettre qui nous a été adressée par lord Howden, ancien ministre plénipotentiaire de S. M. dans la Plata, à la suite de la publication que nous avons faite d'une première notice, au point de vue du droit international, sur la même question dont nous nous occupons encore aujourd'hui.

Cette lettre, en même temps qu'elle est, pour les appréciations contenues dans cette première notice, comme un certificat d'exactitude donné par un homme éminemment compétent, est en outre un document précieux sur la situation actuelle de l'émigration française dans la Plata, émanant d'un témoin oculaire.

C'est à ce double titre que nous la mettons en tête de cette seconde notice.

Paris, ce 7 décembre 1849.

Monsieur,

Je ne sais à qui je suis redevable d'un pamphlet écrit par vous sur l'état actuel de l'affaire de la Plata, mais je l'ai lu avec plaisir. Il contient une relation *véridique* de ce qui est arrivé dès le commencement de cette question interminable, question bien simple en elle-même, mais embrouillée à dessein.

On dit que la France est à la veille d'un effort vigoureux, selon la phraséologie des journaux qui appuient le parti *fantasmagorique* de vos nationaux à Montevideo.

Comme étranger et comme individu dont les actes ont été bien soigneusement travestis, tant sciemment que par ignorance, je n'ai ni le droit ni le moindre désir de critiquer la marche qu'il plaira à votre gouvernement de suivre dans cette occasion, comme dans toute autre. Mais je pense qu'on ne pourra guère me faire le vieux reproche d'être trop favorable au général Rosas, ou d'être influencé par des calculs purement anglais, si je prends la liberté de vous exprimer un seul désir, et le voici : C'est que la chambre veuille réellement prendre en considération les intérêts de vos nationaux sur les bords de la Plata, et ne pas oublier, supprimer, sacrifier plus de 15,000 de vos compatriotes en faveur de 800 (d'après les dernières nouvelles), dont le nombre est probablement maintenant diminué de moitié par les émigrations à Buenos-Ayres. Les premiers, éparpillés sur une vaste étendue de pays, où les communications sont rares et difficiles, immensément supérieurs en nombre, en respectabilité, en lumières et autrefois en capitaux, n'ont pas les mêmes facilités pour attirer l'attention publique et occuper les chancelleries et la presse, que possèdent ceux qui se trouvent réunis dans l'enceinte d'une petite ville et qui sont en contact journalier avec les organes officiels et officieux de leur pays. Il en résulte que ceux-là sont mis complétement hors de cause, tandis que les derniers, qui, *seuls,* reçoivent le secours de la France, se croient en droit de formuler et de diriger toute la politique de la mère-patrie dans des questions où il s'agit d'une masse dont ils ne sont, eux, qu'une fraction minime.

Voilà, Monsieur, ce que j'avais à cœur de vous dire, dans la conviction que vous n'y verriez aucun but intéressé ni aucune vue sectaire, et désirant sincèrement que la France soit animée par une considération largement, essentiellement française, comme celle que je me suis permis d'émettre.

Je vous prie de vouloir bien agréer, etc.

HOWDEN,

Pair d'Angleterre.

LES

TRAITÉS LE PREDOUR

DOIVENT ÊTRE RATIFIÉS.

I.

En ce moment, on répand à foison des notices signées de noms étrangers, lesquelles présentent la question de la Plata sous un faux jour et tendent à la dénaturer, à l'obscurcir. Ecrites pour le plus grand profit de ces individus qui, s'intitulant le gouvernement de l'Uruguay, n'ont pas au-dehors de Montevideo un seul pouce de terre où leur pouvoir soit reconnu (1), ces brochures aboutissent toutes à cette unique conclusion : la guerre !

Oui, la guerre qu'il faut, d'après elles, que la France entreprenne à ses frais, à ses risques et périls, en sacrifiant la vie de ses soldats, pour soutenir ce triste gouvernement « sans argent, sans crédit, sans troupes nationales (2). »

Que le pays se méfie de ces incitations intéressées ! Elles

---

(1) Voir dans la 1re notice, p. 36 : *Lettre de lord Palmerston au général O'Brien, envoyé de Montevideo,* en date du 13 novembre 1848.

(2) Note du 15 juillet 1847 par laquelle lord Howden ordonne aux forces britanniques de lever le blocus.

émanent soit des envoyés de l'autorité révolutionnaire de Montevideo, soit des agents de la trop célèbre Compagnie Lafone.

Les uns ont juré au général Rosas une haine personnelle, invétérée, impitoyable ; ils iraient au bout du monde lui créer des ennemis (1).

Les autres n'ont point oublié les immenses profits que leur a procurés le blocus de Buenos-Ayres, alors qu'on leur avait livré pour les rançonner le commerce des neutres, notre propre commerce.

S'ils demandent la guerre, c'est que les premiers y voient l'intérêt de leur *vendetta ;* les seconds, l'intérêt de leur coffre-fort. — Que leur importe l'intérêt de la France !

II.

Mais cet argument péremptoire, nous ne l'opposerons point à ceux de nos compatriotes qui, par la voie de la presse, ont émis une opinion favorable au gouvernement de Montevideo.

---

(1) Le caractère des envoyés du gouvernement montevidéen a déjà été révélé à la France, ainsi que la défiance que leurs sollicitations doivent inspirer. En 1844, l'envoyé de Montevideo était M. Varela, duquel M. l'amiral de Mackau, ministre de la marine, disait : « M. Varela, très-distingué par ses talents et son instruction, est un citoyen de Buenos-Ayres, brouillé depuis longtemps avec le gouvernement de son pays, qui s'est retiré à Montevideo et qui n'a cessé d'être l'ennemi personnel le plus persévérant du gouvernement de Buenos-Ayres. » *(Moniteur* du 30 mai 1844.)

L'honorable M. Denis, parlant de la même personne : « Il m'a fallu peu de temps, disait-il, pour m'apercevoir que M. Varela était dominé par un sentiment profond d'animosité particulière contre le dictateur de Buenos-Ayres. J'ai cru m'apercevoir que M. Varela ne serait pas fâché de voir flageller son ennemi naturel par les verges de la France..... » *(Moniteur* du 1er juin 1844.)

On nous assure que l'envoyé actuel de Montevideo est, comme M. Varela, d'origine argentine.

Ils ont pu se tromper ; ils se trompent, nous le croyons ; mais c'est, du moins, avec bonne foi ; c'est en ne recherchant aucun autre intérêt que celui du pays : nous le croyons également.

Avec eux nous pouvons discuter ; nous devons raisonner. — Essayons-le.

Et comme, toutefois, il importe de circonscrire le débat, nous ne choisirons parmi eux qu'un adversaire, un seul ; cela suffira, surtout si nous nous adressons à un homme dont les opinions acquièrent de l'autorité à raison des hautes foncitons qu'il a remplies et de l'expérience qu'il y a nécessairement acquise.

III.

La brochure de M. Edmond Blanc, ancien conseiller d'État, ancien député, est intitulée : *Le Traité Le Prédour et les intérêts de la France dans l'Amérique du Sud.*

Cet écrit a été composé sous l'empire de nombreuses préventions que l'auteur a acceptées comme des réalités, alors cependant qu'une étude préalable de la question, au point de vue général, eût pu lui démontrer qu'elles étaient autant d'erreurs. C'est à ces préoccupations qu'il faut attribuer la manière inexacte dont s'y trouvent analysés les traités Le Prédour, sous le rapport du fait et du droit international.

Mais avant d'établir l'inexactitude de cette analyse, il nous a paru bon de signaler les préjugés qui, dans le cours de son travail, ont dominé l'auteur, et qui, dès qu'il s'agit de cette question, dominent trop souvent encore d'excellents esprits.

IV.

Parmi ces préjugés trop répandus, il en est quatre principaux :

1° On croit généralement que Montevideo offre au commerce français un débouché plus considérable que celui qui nous est procuré par Buenos-Ayres.

2° On croit que l'émigration française se dirige plus volontiers vers la Bande orientale que vers la Confédération argentine, et que, des deux républiques de la Plata, c'est celle de l'Uruguay qui renferme le plus de nos compatriotes.

3° On prétend que le parti qui domine à Montevideo est plus favorable aux intérêts français que le parti du général Oribe et que le gouvernement du général Rosas.

4° On pense, enfin, que la France se trouve obligée moralement et matériellement à l'égard des unitaires montevidéens.

Il y a là une quadruple erreur, facile à réfuter.

V.

Et d'abord, que Buenos-Ayres puisse offrir à notre commerce un débouché plus vaste que Montevideo, cela est évident.

Buenos-Ayres, à l'heure qu'il est, compte près de 110,000 habitants; c'est la capitale d'une contrée dont la population était évaluée, en 1836, à 675,000 habitants, non compris les peuplades d'Indiens indépendants (1). Depuis cette époque, ce dernier chiffre s'est considérablement accru.

Montevideo, de son côté, ne contient plus aujourd'hui, quoi qu'on en dise, que 14,000 habitants, étrangers et autres, et la population de tout l'État oriental ne s'élève pas à plus de 130,000 âmes, selon M. Parish, ou même de 70,000 âmes, d'après M. Chevalier de St-Robert (2).

(1) *Buenos-Ayres and the Argentine Confederation*, by sir Woodbine Parish, ancien chargé d'affaires de S. M. à Bunos-Ayres. London, 1839.

(2) *Le général Rosas et la question de la Plata*, par M. Chevalier de Saint-

Le peu de temps qui s'est écoulé depuis qu'une partie de cette population s'est établie sur le sol oriental, non moins que le petit nombre des habitants, explique pourquoi la balance du commerce penche en faveur de Buenos-Ayres. Comme toutes les populations neuves, les Orientaux sont occupés exclusivement aux travaux agricoles. Ce n'est qu'avec du temps qu'ils pourront y acquérir l'aisance, la fortune qui permet l'achat du superflu; car telle est la nature de la plus grande partie des marchandises que la France exporte dans la Plata. Les articles dits de Paris et les soieries de Lyon en forment une partie notable. Ces sortes de marchandises conviennent mieux, on le comprend, à une ville ancienne et peuplée comme Buenos-Ayres, qui est habitée par les descendants des anciens conquérants du pays, et dans laquelle les fortunes ont pu se fonder et s'accroître par une longue suite de générations.

Cette assertion se trouve confirmée par des documents officiels. Nous lisons dans le rapport sur le commerce extérieur, publié en 1845 par le ministère : « En 1842, nos opérations avec Buenos-Ayres s'élevaient à près de 17 millions; en 1843, elles dépassaient 18 millions. L'intercours (entrées et sorties réunies) s'est développé dans une progression analogue à celle des échanges. Il n'occupait, en 1841, que 53 navires, 9,733 tonneaux; en 1844, le mouvement a été de 81 navires et de 15,787 tonneaux. »

Nous allons voir qu'à raison d'une circonstance qui va être indiquée, cette estimation est encore bien au-dessous de la réalité, et qu'il doit y être ajouté une fraction du chiffre auquel sont évaluées nos importations à Montevideo. Voici, en effet, ce qui se passait : les navires partant pour la Plata

---

Robert, ancien attaché à la mission de M. le baron Deffaudis. Paris, 1848. — Ce document sur la population de la Bande orientale se trouve dans une note *confidentielle* ajoutée à quelques exemplaires *réservés*.

chargeaient tout à la fois et indifféremment les marchandises en destination pour Buenos-Ayres et pour Montevideo. — Arrivés dans les eaux de la Plata, les navires d'outre-mer s'arrêtaient au premier port, à celui qui abrégeait leur voyage de cinquante lieues environ, à Montevideo. Toutes les marchandises y étaient alors débarquées, sans distinction; puis celles qui étaient adressées à Buenos-Ayres étaient rechargées sur des caboteurs et portées à leur destination. Mais, à raison de leur déchargement à Montevideo, elles figuraient sur l'état des entrées dans ce port, et dès lors étaient comptées comme des importations qui lui étaient spéciales.

Ce débarquement à Montevideo de marchandises destinées à Buenos-Ayres, qui jusqu'en 1845 avait été facultatif, devint général et obligatoire durant toute la durée du blocus. Nous avons, dans notre première notice sur la question (1), exposé comment nos croiseurs ne permettaient l'entrée des ports bloqués qu'aux marchandises que des caboteurs allaient prendre au port de Montevideo, où préalablement elles avaient été soumises à un droit de transit exorbitant, perçu par la Compagnie Lafone.

On comprend dès lors comment le chiffre des importations à Montevideo pouvait paraître élevé, puisqu'il comprenait à la fois les expéditions faites pour toutes les rives de la Plata, pour la Bande orientale comme pour la Confédération argentine; mais aussi il est évident que, relativement à Montevideo, ce chiffre était fictif, et qu'il faut considérablement le diminuer au profit de Buenos-Ayres, qui a le droit de réclamer pour son compte la majeure partie de ces importations.

Aujourd'hui, cet état de choses, cette importation fictive n'existe plus.

(1) Voir page 14.

Depuis le 1er janvier 1848, le général Rosas a prohibé l'entrée de ses ports à tout navire, à toute marchandise, qui auraient touché à Montevideo. Qu'en est-il résulté ? — Que les marchandises et les bâtiments sont venus directement à Buenos-Ayres, et que Montevideo n'a plus reçu que les expéditions qui lui étaient spécialement destinées.

Aussi, quelle différence entre l'activité qui aujourd'hui règne dans chacun de ces deux ports, et combien cette différence fait mieux ressortir leur importance relative et réelle !

On va en juger par les documents officiels que nous allons résumer et que nous mettrons en regard les uns des autres (1).

Il s'agit de comparer l'intercours qui, du 1er janvier de cette année 1849, jusqu'au 10 novembre dernier, eut lieu entre Buenos-Ayres ou Montevideo d'une part, et le Havre, Marseille ou Bordeaux d'autre part. Nous ne parlerons pas ici de Bayonne, Cette, Nantes, Saint-Malo, sur lesquels nous n'avons aucunes données exactes.

1° Buenos-Ayres, intercours du 1er janvier 1849 au 10 novembre suivant :

	HAVRE.	MARSEILLE.	BORDEAUX.	
Navires partis pour Buenos-Ayres de......	23	7	24	54
Navires arrivés de Buenos-Ayres à,........	24	8	0 (2)	32
Navires en charge à Buenos-Ayres pour les ports de la France, à la date du 8 septembre dernier......................	»	»	»	11
				97

2° Montevideo, intercours du 1er janvier 1849 au 10 novembre suivant :

	HAVRE.	MARSEILLE.	BORDEAUX.	
Navires partis pour Montevideo de........	0 (3)	2	8	10
Navires arrivés de Montevideo à..........	3	2	0 (4)	5
				15

(1) Voir les tableaux, page 37 et suiv.
(2 et 4) Il ne se fait aucun *retour* pour Bordeaux à raison du commerce spécial de ce port.
(3) Les données nous manquent sur les départs du Havre pour Montevideo.

Ces documents établissent clairement combien nos relations sont plus importantes avec Buenos-Ayres qu'avec Montevideo. D'après ces données et en calculant par analogie, on peut affirmer sans exagération que l'intercours entre la France et Buenos-Ayres a employé, durant l'année 1849, plus de 120 navires faisant ensemble au moins 24,000 tonneaux.

Quant à la valeur de ces expéditions, on peut en juger par l'estimation qui a été faite des arrivées et des sorties qui ont été effectuées seulement dans le port du Havre.

Les cinquante-trois navires mentionnés au tableau ont été estimés à plus de 14,000,000 fr., bien que leurs chargements aient été comptés pour un tiers au-dessous de la valeur réelle, à raison de ce qu'ils consistaient surtout en soieries et en articles de Paris.

Nous terminerons par un dernier détail les notions que nous venons de donner sur les relations commerciales que la France entretient avec la capitale de la Confédération argentine.

Il existe au Havre une ligne régulière de paquebots entre ce port et Buenos-Ayres. La compagnie propriétaire de ces navires ne s'était engagée qu'à effectuer un seul voyage par mois ; mais telle est l'abondance du fret, qu'il lui a fallu augmenter le nombre des départs. Enfin, les journaux de Rouen viennent d'annoncer l'établissement d'un service mensuel entre cette ville et Buenos-Ayres ; l'on vient d'y mettre trois navires en charge, *le Georges*, *le Général Bertrand* et *le Rollon*.

VI.

Un fait économique bien connu, c'est que la population d'un pays augmente en proportion de l'accroissement de son commerce. A ce compte, ce serait donc encore un préjugé que de croire que l'émigration française dans la Plata se dirigerait plus volontiers vers la Bande orientale que vers la Confédération argentine. Ce qui, en effet, attire les colons, ce n'est pas seulement la possibilité de s'établir sur une terre inoccupée, c'est en outre la possibilité de vendre et d'écouler les produits du travail. Or, n'est-il pas évident que les provinces argentines, plus commerçantes, mieux peuplées que les districts de la Bande orientale, offrent aux colons européens un établissement plus avantageux, des profits plus considérables, et plus de facilité pour les réaliser.

Nous ne nierons pas cependant que, malgré ces circonstances, malgré la loi économique dont nous venons de parler, la population européenne, partie pour l'Amérique du Sud, ne se soit arrêtée pendant plusieurs années sur les plages de Montevideo. Mais l'explication de ce que ce fait peut offrir d'anormal, est facile.

Cela se passait à l'époque de notre blocus, alors que, soudoyant d'indignes auxiliaires, nous lancions le général Lavalle contre le gouvernement de sa patrie.

D'un autre côté, il se trouvait qu'au même instant, la riche province de Rio-Grande, cet autre but de l'émigration européenne, s'étant révoltée contre l'empereur du Brésil, était, elle aussi, bloquée par les forces de ce souverain.

Il était naturel dès-lors que, placée entre deux contrées déchirées par la guerre civile et mises sous le séquestre politique et commercial, Montevideo, qui jouissait alors de la tranquillité enlevée à ses voisins, reçût l'émigration de l'Europe, en même temps qu'elle en monopolisait le commerce.

Mais les choses ont repris aujourd'hui leur cours naturel depuis que les circonstances exceptionnelles qui favorisaient cette ville ont cessé.

Il n'appartient qu'à l'histoire d'apprécier les moyens dont le général Rosas s'est servi pour rendre la paix à son pays. Les dissensions qui déchirent notre patrie, les guerres civiles dont nous venons d'être les acteurs et les témoins, nous ôtent le droit de flétrir comme il le faudrait, comme nous le voudrions, des excès que rien ne justifie, mais que l'exaltation des caractères, les haines privées, la loi monstrueuse des représailles, expliquent là-bas plus facilement que chez nous (1). Quoi qu'il en soit, la paix et l'ordre règnent aujourd'hui dans la Confédération argentine.

(1) *Chambre des Pairs*, séance du 15 janvier 1846. — M. LE MARQUIS DE GABRIAC : .... « Il m'est nécessaire d'entrer d'abord dans quelques explications sur cette grave accusation d'horrible cruauté qui est intentée à Rosas : et par manière de préface, je demande si l'on se flatte que les descendants d'une nation aussi fière et aussi violemment passionnée que la nation espagnole, si l'on se flatte que les frères, en Amérique, des Mina et des Noguera d'Espagne, apportent, dans les fureurs de leurs guerres civiles, une conduite beaucoup plus douce, légale, humaine, que ceux-ci dans leurs désordres au sein de l'Europe ?... Est-ce que les fédéralistes seuls mettent à mort des prisonniers? Est-ce qu'à Tablada, à Cordoba, à Chançay, de pareils actes n'ont pas eu lieu par des unitaires? — *Est-ce qu'un ministre de la guerre du gouvernement actuel de Montevideo n'a pas fait fusiller, à Mercedès, seize ou dix-sept prisonniers?* — Est-ce que le gouvernement actuel de Montevideo n'a pas ordonné, par un édit en date du 8 février 1843, que les prisonniers aux couleurs orbistes seraient fusillés par derrière, comme traîtres? Est-ce qu'au mois de juin dernier cet édit n'a pas été publié de nouveau? Est-ce que l'application a manqué à cette législation?.... Mais ce qui est particulier, je crois, aux Montevidéens, c'est que non-seulement ils pratiquent ces actes, mais, passez-moi l'expression, *ils les maximent*...; ce qui est certain, du moins, c'est que je tiens en main en ce moment ce livre bleu, ouvrage d'un rédacteur du journal le *National* à Montevideo, et que j'y trouve que « c'est une œuvre sainte que de tuer Rosas (*es obra sancta matar a Rosas*); » suivent quelques passages de Sénèque, dont il conclut qu'on peut corrompre la femme ou trancher les jours d'un tyran, sans se rendre coupable d'un adultère ou d'un homicide véritable. Il exhorte, en conséquence, les femmes de Buenos-Ayres à se livrer au tyran, en s'armant d'un poignard trempé dans un poison subtil, dans de l'acide prussique, par exemple, pour lui per-

Il en est résulté que l'émigration française, répétons-le ici (1), a passé de la rive gauche sur la rive droite de la Plata. Elle a fui loin des prétendues autorités de Montevideo, ce gouvernement sans gouvernés, pour se placer sous un pouvoir fort, se respectant lui-même et capable de la faire respecter.

Ce déplacement de la population française est officiel, qu'on ne l'oublie pas ; il se trouve constaté dans le message du prince Louis Bonaparte, en date du 6 juin dernier.

En ce moment l'émigration européenne pour Buenos-Ayres continue (2), et voici à ce sujet ce qui résulte de documents officiels que nous avons sous les yeux (3).

Nous prenons au hasard trois mois de l'année 1849, et nous trouvons que pendant le mois de :

Mars, il est abordé à Buenos-Ayres	2,418	personnes.
Juin, id.	2,368	
Juillet, id.	2,356	
	7,142	

D'après les mêmes documents, il est parti de Buenos-Ayres, principalement pour les trois provinces argentines, Santa-Fé, Entre-Rios et Corrientès. 3,143

Différence. . . 3,999 personnes

cer le cœur et l'empoisonner à la fois dans un moment d'abandon... Voilà la morale ou plutôt les fureurs insensées de l'esprit de parti dans ce pays — Doit-on ajouter ensuite une grande foi aux accusations de pareils hommes contre Rosas ? (*Monit.* du 13 juin 1846.)

(1) Voir notre première notice, p. 5 et 6.

(2) Nous avons eu dernièrement sous les yeux l'acte d'engagement de plusieurs ouvriers français carrossiers pour Buenos-Ayres ; on leur assurait pendant quatre ans un salaire quotidien de 7 fr. 50, plus le logement, la nourriture et l'entretien.

(3) Rapports publiés par ordre du gouvernement dans la *Gaceta mercantil*.

dont s'est accrue la population de Buenos-Ayres pendant ces trois mois, et nous croyons savoir que cette population a suivi une progression à peu près semblable depuis trois ans environ (1).

VII.

La troisième prévention sous l'empire de laquelle M. Edmond Blanc s'est trouvé placé, consiste à croire que le parti qui domine dans les murs de Montevideo se montrerait plus favorable aux intérêts français que ne le seraient le parti du général Oribe et le gouvernement du général Rosas.

Les faits qui sont rapportés dans les deux paragraphes précédents sont la meilleure réfutation de ce préjugé trop répandu. Si, en effet, le commerce français, si notre émigration se portent de préférence vers la Confédération argentine, c'est que le pouvoir qui régit ces contrées se montre favorable à nos intérêts; c'est qu'il a su et voulu se concilier nos nationaux, et qu'il a mérité leur confiance.

Mais à quoi bon discuter un point que des documents officiels vont établir ? La citation de ces documents suffira pour établir le parallèle entre la conduite qu'ont tenue envers la France, d'un côté le parti unitaire dominant à Montevideo, d'un autre côté le parti fédéral, dirigé par les généraux Rosas et Oribe.

(1) Nous trouvons dans l'un des derniers numéros d'un journal de Bordeaux la notice suivante :

Le navire français *Paris*, de Bordeaux, capitaine Désarneaux, est arrivé de Bordeaux au Passage (Espagne), où il doit prendre trois cents émigrants basques, à destination de Buenos-Ayres.

Le bateau à vapeur *le Rollon*, capitaine Aubin, est entré en Gironde le 7 décembre, venant de Bayonne, avec deux cent quatre-vingts passagers émigrants, qui doivent également s'embarquer à bord du navire américain *Fama*, en charge à Bordeaux pour Buenos-Ayres. — Nous apprenons que *la Fama* vient de partir.

En 1841, une pétition avait été adressée par quelques-uns des Français armés de Montevideo, à la Chambre des députés, pour lui demander de mettre obstacle à la ratification du traité d'octobre 1840.

M. de Lagrange, rapporteur de cette pétition, s'exprimait ainsi :

« On a beaucoup déclamé contre le général Rosas. Nous n'avons pas à apprécier les actes de son administration. Les pétitionnaires le représentent comme animé d'une haine profonde contre les Français. A cela nous opposerons des faits. *Les documents que nous avons examinés prouvent que le général Rosas et son gouvernement, loin d'être animés des sentiments de haine qu'on leur prête, ont accordé aux personnes et aux propriétés des Français une protection efficace, alors même que nous leur faisions une guerre active* (1). »

D'un autre côté, le contraste entre la conduite du gouvernement montevidéen et celle du général Oribe à notre égard est frappant. Il ressort clairement de deux pièces diplomatiques qui furent lues à la tribune de la Chambre des députés, dans la séance du 31 mai 1844. Nous allons les reproduire ici.

Le premier document est une lettre du consul français au ministre des affaires étrangères, et concerne la manière dont les autorités de Montevideo, celles-là mêmes que nous soutenons, traitent nos nationaux.

« En rade de Montevideo, 23 février 1844.

» Certes, Monsieur le Ministre, s'il y a eu dans tout ceci hostilité de quelque part, ce n'est pas de la mienne, mais bien de celle du gouvernement de Montevideo, contre les intérêts de la France et les résidants français.

» Outre les éternelles tentatives faites pour nous compromettre

(1) *Moniteur*, 25 avril 1841.

dans leurs querelles avec la République argentine, que votre excellence veuille bien se rappeler *cette longue série d'avanies qu'ont souffertes nos compatriotes et notre gouvernement lui-même, depuis moins de deux ans dans ces contrées.*

» Le 30 mai 1842, une circulaire annonce à tous les agents étrangers à Montevideo que si l'invasion des troupes argentines a lieu, dès ce moment le gouvernement de la république ne reconnaît plus aucune garantie aux propriétés des étrangers dans la campagne, et en conséquence, il leur donne quatre mois, à compter de la date de la circulaire, pour se retirer de la campagne avec leurs propriétés. Au mois de novembre, on met sur les étrangers *exclusivement* une patente double de celle qu'ils payaient ordinairement, et qui était déjà *double* de celle des gens du pays. On y ajoute un emprunt *forcé* d'un douzième sur le revenu des maisons.

» Au mois de décembre, on prend, sans indemnité, aux étrangers, tous leurs esclaves pour en faire des soldats. Conformément à la circulaire du 30 mai, on les chasse de tous leurs établissements, soit dans les bourgs, soit dans les campagnes.

» Au mois de février 1843, on prend tous les bœufs des Français autour de Montevideo, 3 ou 4.000, sous prétexte d'enlever cette ressource à l'armée ennemie qui s'approche, puis on ne permet plus aux propriétaires de tuer leurs animaux, qui sont vendus à vil prix à quelques affidés du gouvernement.

» Quand il s'agit de fortifier Montevideo, on prend, sans payements, sans expertise, les briques, les bois, les pierres des Français.

» On leur enlève leurs charrettes et leurs animaux pour les charrois nécessaires à ces ouvrages, et toujours gratis.

» On dépossède les Français de leurs maisons, sans nécessité, pour y mettre des soldats, des officiers, des familles venues de la campagne, et aucun loyer ne leur est payé, etc.

» *Le Consul de France*, PICHON (1). »

Pendant que le gouvernement de Montevideo traitait nos compatriotes de cette façon révolutionnaire, le général Oribe consentait à l'agent français une convention par laquelle il garantissait nos nationaux, même ceux qui s'étaient ar-

---

(1) *Moniteur*, 1er juin 1844.

més contre lui, des suites d'un assaut et de sa victoire éventuelle. Cette convention, preuve insigne de la modération et de la générosité du général Oribe, est ainsi conçue :

« Quartier-général, 5 août 1843.

» ARTICLE PREMIER. Le général en chef promet de respecter les personnes et les propriétés des Français résidant à Montevideo et sur le territoire de la République orientale...

» ART. 4. Aucun Français ne sera recherché pour ses opinions et ses actes politiques antérieurs à l'entrée des troupes assiégeantes ou de leurs chefs, dans la ville de Montevideo. »

Nous n'ajouterons rien à ces documents officiels. Les faits qui s'y trouvent signalés démontrent suffisamment que les bonnes intentions, la bonne volonté, les égards envers la France, sont partout ailleurs qu'à Montevideo, où M. Edmond Blanc a cru, bien à tort, les apercevoir.

VIII.

Enfin, quatrième prévention dont notre honorable adversaire n'a pas su affranchir sa pensée : nous serions engagés moralement et matériellement à l'égard du gouvernement révolutionnaire de Montevideo. Or, c'est là une double erreur.

A l'époque de notre premier blocus, il y avait plusieurs guerres dans la Plata : il y avait la nôtre, la guerre de la France contre le président Rosas, une guerre d'État à État ; il y avait deux guerres civiles dans la république de Montevideo, la guerre des partisans de Rivera contre les partisans d'Oribe ; dans la république de Buenos-Ayres, la guerre des partisans de Rosas contre les partisans de Lavalle ; deux guerres indépendantes de la nôtre.

A la vérité, le cours des événements a placé parfois à côté de nous ceux qui, d'autre part, étaient les ennemis de notre adversaire. Nous nous sommes servis d'eux, nous en avons fait nos instruments, nos auxiliaires si l'on veut; mais jamais autre chose. Jamais ils n'ont pu ni dû nous considérer comme engagés avec eux ni envers eux. S'il en eût été autrement, la France, selon l'énergique et fière expression de M. de Lamartine, la France ne se serait pas alliée; elle se serait mésalliée (1)!

Que telle ait été la situation respective des belligérants; qu'entre eux il n'y ait point eu *alliance*, c'est ce qui résulte évidemment des instructions données en 1840 par M. Thiers, alors ministre des affaires étrangères, à M. l'amiral de Mackau.

Ces instructions, qui ont été lues à la tribune dans la séance du 31 mai 1844, portent :

« Ce sujet m'amène à vous parler de nos rapports *présents* et *futurs* avec *les auxiliaires* que nous avons trouvés sur les rives de la Plata. Ces rapports seront d'une nature délicate, et mériteront de votre part la plus grande attention. Il ne faudrait pas, si nous traitons avec leur ennemi Rosas, qu'ils puissent nous accuser de déloyauté ou d'abandon. *S'ils n'ont pas réussi ou s'il ne sont pas très-près de réussir* (auquel cas il vous est enjoint de traiter), *vous serez en présence d'auxiliaires qui n'auront pas voulu ou n'auront pas pu tenir leurs promesses.* Pour le premier cas, vous ne leur devez rien; pour le second, vous leur devez de l'intérêt, des bons offices, des secours même, pour les arracher aux périls qui peuvent les menacer, périls du reste peu probables dans des pays où les partis vaincus et vainqueurs ont tant de peine à se joindre; *mais ils ne peuvent exiger de vous que vous poursuiviez indéfiniment, à cause d'eux, une lutte où nous ne les avons pas engagés, dans laquelle ils se sont spontanément et volontairement engagés eux-mêmes*..... etc. »

Cet état de choses par lequel nos intérêts et notre action étaient complètement séparés des intérêts et de l'action des partis de Lavalle et de Rivera, a persisté, à plus forte raison,

---

(1) Séance du 24 avril 1841.

à la suite du traité de 1840, puisque depuis ce temps nous n'avons jamais été réellement en guerre avec le général Rosas (1).

D'un autre côté, nous n'avons jamais garanti l'indépendance de la république de l'Uruguay ; jamais nous n'avons promis de prendre fait et cause pour elle. Nous n'étions point partie, en effet, au traité de Rio-Janeiro, et, quant au traité de 1840, il ne contient aucun engagement de cette nature.

Rappelons enfin que l'indépendance de la République orientale, en tant qu'État libre et souverain, n'est aucunement menacée. Nous l'avons établi dans notre première étude, en citant des documents officiels, et principalement une note du 21 mai 1845, où M. Ouseley disait : « qu'il voyait avec la plus grande satisfaction 1° que le gouvernement argentin reconnût aussi complétement que le gouvernement de S. M. l'indépendance de l'État oriental ; 2° que le gouvernement de Buenos-Ayres repudiât, *sans condition*, toute intervention dans le gouvernement intérieur et domestique de cet État. »

Ce que le général Rosas attaque, ce n'est pas, en effet, la République de l'Uruguay, ce n'est rien autre chose que ce parti, qui étant venu l'attaquer sur son territoire, s'est fait battre à l'Arroyo-Grande ; c'est l'état de choses que lord Palmerston, dans sa lettre au général O'Brien, en date du 13 novembre 1848, caractérise en ces termes : « Je dois vous faire observer qu'en ce moment les affaires de Montevideo paraissent dirigées par *une poignée d'aventuriers étrangers*,

---

(1) Voir ce point établi dans la première notice, page 17.

Extrait d'un décret du conseil d'État, rendu à la date du 25 mars 1848 :

« Considérant qu'il résulte de la lettre du ministre des affaires étrangères que, nonobstant le blocus des côtes de la République rrgentine, le gouvernement français n'était pas en état de guerre avec ladite République..... »

qui occupent militairement cette capitale, et qui font agir à leur gré le gouvernement purement nominal de cette ville... Il est évident que ces aventuriers, sous l'influence dictatoriale desquels se trouve Montevideo, sont l'unique cause des maux dont vous vous plaignez, et que déjà la paix régnerait dans le territoire de l'Uruguay, si cette poignée d'hommes, qui en détient la capitale, consentait à entrer en arrangement avec le général Oribe. »

IX.

Voilà donc la question débarrassée des préjugés, des préventions trop peu justifiées qui peuvent empêcher qu'on ne l'envisage à son véritable point de vue. Hâtons-nous maintenant d'analyser le traité projeté entre nous et la Confédération argentine; montrons qu'il nous est favorable, qu'il ne blesse en rien ni les intérêts ni l'honneur de la France; que le blâme déversé sur cet acte de notre diplomatie par M. Edmond Blanc, est aussi peu motivé qu'étaient peu justifiées les préventions que nous avons dû réfuter préalablement à cette seconde partie de cette notice.

Projet de traité pour rétablir les relations de parfaite amitié entre la France et la Confédération argentine.

« S. Exc. le Président de la République française et S. Exc. le Gouverneur et capitaine général de la province de Buenos-Ayres, chargé des affaires étrangères de la Confédération argentine, désirant terminer les différends existants et rétablir des relations intimes d'amitié, conformément aux désirs manifestés par les deux gouvernements, le gouvernement français, ayant déclaré n'avoir aucune vue particulière ni intéressée, et n'être animé que du désir de voir rétablir la paix et l'indépendance des États de la Plata, tels qu'ils sont reconnus par les traités, ont nommé pour leurs plénipotentiaires, S. Exc. le Président de la République française, le contre-amiral Le Prédour, et S. Exc. le Gouverneur et capitaine général de la province de Buenos-Ayres, S. Exc. le ministre des affaires étrangères, docteur Philippe Arana, qui, après avoir échangé leurs pouvoirs et les avoir trouvés en bonne forme, sont convenus de ce qui suit : »

Le but du traité est bien constaté ; il s'agit, non-seulement de rétablir la paix, mais encore de consacrer de nouveau l'indépendance respective des États de la Plata, *tels qu'ils sont reconnus par les traités*. L'indépendance de la République orientale de l'Uruguay ne pourra jamais être plus clairement reconnue par le général Rosas qu'elle ne l'est ici.

« ART. 1er. Le gouvernement argentin, d'accord avec son allié, consentira à une suspension immédiate des hostilités entre les forces orientales de la cité de Montevideo et celles de la campagne, aussitôt que cette suspension aura été signée par son dit allié à sa convenance. »

Si le général Rosas ne stipule pas de son chef la suspension des hostilités, c'est qu'en fait il n'est point partie principale au siége de Montevideo. Ce siége n'est, en réalité, qu'une guerre civile entre les Orientaux : les uns, en minorité, renfermés dans la ville ; les autres, qui forment l'immense majorité, maîtres de la campagne.

Le général Rosas ne peut donc qu'adhérer à la convention faite d'autre part, par laquelle les Orientaux stipulent une suspension d'armes ; cette réserve du général est un nouvel hommage rendu à l'indépendance, au libre arbitre de la République de l'Uruguay.

Il a plu à M. Edmond Blanc de voir toute autre chose dans cet article. « La France, s'écrie-t-il, y reconnaît Oribe comme président de la République orientale, puisqu'elle consent à ce qu'il soit fait mention de lui au traité; en a-t-elle le droit ? »

Nous ne voyons pas ce qui nous empêcherait de répondre affirmativement à cette question, si le texte cité donnait sujet de l'adresser. Mais il n'y est question ni du général Oribe, en tant que président, ni de la reconnaissance que nous en ferions en cette qualité. La mention pure et simple que l'on y trouve de ce personnage a son explication dans un tout autre fait, et ce fait, le voici :

Oribe est le chef des Orientaux, qui sont les maîtres de toute la République de l'Uruguay, moins une seule ville; Oribe et ses troupes sont les alliés du gouvernement argentin, et nous ne pouvons qu'y faire; en un mot, Oribe est une force. Eh bien! nous était-il possible de ne pas tenir compte de cette force, de cet allié d'un gouvernement, de ce chef d'armée?

Veut-on, d'ailleurs, la preuve que la France n'a pas, dans ce traité, reconnu le général Oribe en tant que président de la République de l'Uruguay? — Qu'on lise l'article 7, que bientôt nous allons citer, et l'on y verra que la France refuse, pour ce qui la concerne, de donner ce titre au général Oribe. Qu'on se reporte au traité projeté entre ce personnage et l'amiral Le Predour, et l'on y lira que nous ne lui contestons pas le droit, qui appartient à tous les citoyens de la République, de se présenter aux suffrages et d'être élu chef de l'État. Or, ce droit, nous n'eussions pu le lui reconnaître, si, dans le traité que nous analysons en ce moment, il eût été accepté comme le président *actuel* de la République de l'Uruguay ; car il n'eût pas été immédiatement rééligible, d'après la constitution de son pays.

« Art. 2. La suspension des hostilités étant convenue comme il est dit dans l'article précédent, il est accordé que le plénipotentiaire de la République française réclamera du gouvernement de Montevideo le désarmement immédiat de la légion étrangère et de tous les autres étrangers qui seront trouvés en armes dans toute autre partie de la République orientale, et que l'acte et les termes du désarmement seront réglés par l'allié du gouvernement argentin, d'accord avec le négociateur français dans le traité qui l'intéresse plus particulièrement. »

Ce désarmement n'est pas seulement la conséquence naturelle de la suspension des hostilités, il est l'application logique des principes de neutralité, de non-intervention dans les querelles intestines d'un pays desquels nos nationaux n'eussent jamais dû s'écarter.

Le commentaire dont M. Edmond Blanc accompagne cet article est inacceptable; nous voyons avec peine que l'honorable auteur y a donné une place plus grande à la passion qu'au raisonnement. Selon lui, par l'exécution de cet article, nous donnerions à Oribe « la satisfaction de désarmer, sous les yeux de la flotte française, les Français de la légion étrangère qu'il se vante d'avoir combattus. »

Nous en demandons pardon à M. Edmond Blanc, mais la vérité, c'est que le général Oribe ne désarmera pas la légion étrangère, et que notre escadre ne devra point assister impassible à un pareil outrage subi par nos compatriotes; la vérité encore, c'est qu'il ne se passera rien qui ne soit conforme à l'honneur de nos nationaux, à la dignité de notre pays. Les Français de la légion étrangères remettront leurs armes entre les mains des Français de notre flotte, et ce sera tout.

« Lesdites armes, est-il dit dans l'article 2 de la convention spéciale au général Oribe, lesdites armes seront remises au plénipotentiaire français, qui les gardera en dépôt à bord de l'escadre sous ses ordres, afin de les remettre, en temps propice, à la disposition du gouvernement » qui sera élu aussitôt que la paix sera rétablie.

« Art. 3. Quand le désarmement stipulé dans l'article précédent sera effectué, le gouvernement argentin, avec le consentement de l'allié de la Confédération, fera évacuer tous les points du territoire oriental par toutes les troupes argentines. »

« Pour faire, dit-il, juger des progrès de notre politique, » M. Edmond Blanc met en regard de cet article l'article des bases Hood, dans lequel l'évacuation du territoire oriental par le contingent argentin devait être effectué en même temps que le désarmement des étrangers.

Sans doute, lui répondrons-nous avec la *Revue des Deux-Mondes*, « il eût été préférable que les deux opérations fussent simultanées : dans tous les projets antérieurs, cette simultanéité avait été admise par le général Rosas; mais faut-il que nous compromettions la pacification pour une condition secondaire et purement de forme? Où donc placerions-nous l'honneur de la France (1)? »

« Art. 4. Le gouvernement français ayant, le 16 juin 1848, levé le blocus qu'il avait établi devant le port de Buenos-Ayres, s'engage aussi à lever, au moment de la suspension des hostilités, le blocus du port de la République orientale, à évacuer l'île de Martin-Garcia, à rendre les vaisseaux de guerre argentins qui sont en sa possession, autant qu'il sera possible dans le même état que lorsqu'ils ont été pris, et à saluer le pavillon de la Confédération argentine de vingt et un coups de canon. »

A l'heure qu'il est, cet article est en voie d'exécution, exécution qui n'était d'ailleurs que la conséquence logique de la cessation des hostilités.

(1) N° du 15 novembre dernier.

— 29 —

Le commentaire que M. Edmond Blanc fait de cet article est curieux, surtout en cela que, placé imméd.^{ia}tement au-dessous du texte, il parle de toute autre chose que de ce dont il y est question.

« Les rôles sont renversés, s'écrie l'honorable commentateur. La France réclamait des indemnités pour ses résidants; c'est elle qui en paiera au dictateur.... Etc. »

Cette exclamation de M. Edmond Blanc s'est évidemment égarée sous la main du typographe; le manuscrit l'avait, sans aucun doute, placée en tout autre lieu qu'à celui qui, maladroitement, a été choisi par le manœuvre.

Toutefois, que M. Edmond Blanc se rassure; les résidants français, auxquels les hostilités des partis auraient fait éprouver des dommages, n'y perdront rien; le principe de l'indemnité qui dans ce cas leur serait due est reconnu et consacré par l'article 5 du projet de traité spécial au général Oribe; il y est déclaré que « les droits des sujets étrangers seront respectés, et que *leurs réclamations, de quelque nature qu'elles soient, seront reçues et prises en considération, conformément aux lois de la République et à la foi des traités existants.* »

« Art. 5. Les deux parties contractantes rendront à leurs propriétaires respectifs les navires marchands avec leurs cargaisons saisis durant le blocus. »

Cette restitution mutuelle est d'usage lors des pacifications; celle qui vient de se conclure, il y a quelques mois, entre la Prusse et le Danemarck, à la suite de la guerre du Schleswig, en offre un exemple. Cette restitution semble d'autant plus naturelle ici, que l'on ne doit point oublier que notre blocus était irrégulier au point de vue du droit international (1), et que, bien qu'il existât en fait, nous n'étions point cependant en guerre avec la Confédération argentine (2).

(1) Voir la première Notice, p. 14 et suiv.
(2) Décret du conseil d'État, du 25 mars 1848 : « Considérant qu'il résulte

« Art. 6. Le gouvernement français reconnaît que la navigation de la rivière du Paranà est une navigation intérieure de la Conféderation argentine, et soumise uniquement à ses lois et règlements, de même que la navigation de la rivière Uruguay en commun avec l'Etat oriental. »

Cet article n'est que l'application des règles du droit international.

« C'est un principe, disions-nous dans notre première notice (1), que la navigation des eaux intérieures d'un pays ne peut être réglementée que par la puissance ou les puissances dominant sur les rives. Notre droit public, en en faisant l'application, a placé nos fleuves navigables et flottables, « ces chemins qui marchent, » sous l'empire de la même législation qui, chez nous, régit la grande voirie. C'est le principe qui nous donne le droit de rester maîtres des eaux intérieures de la France, de ne permettre l'entrée de la Seine, de la Loire, de la Gironde, qu'aux nations qu'il nous plaît d'y admettre, qu'avec les conditions qu'il nous convient de poser. »

Le droit du gouvernement argentin n'est donc pas douteux; il peut faire, relativement à la navigation de ces eaux intérieures, tous règlements qu'il croirait propres, soit à assurer la rentrée des péages, soit à mettre obstacle à la contrebande, car il n'a jamais voulu autre chose. Jamais, avant le blocus, avant notre attaque d'Obligado, il n'avait prétendu, comme on l'a répété, comme l'assure encore M. Edmond Blanc, sans doute pour exciter notre suscepti-

---

de la lettre du ministre des affaires étrangères que, nonobstant le blocus des côtes de la République argentine, le gouvernement français n'était pas en état de guerre avec ladite République :

».Art. 1er. — Est déclarée *non valide* la prise, etc., etc. »

(1) Page 12.

bilité nationale, nous fermer d'une façon absolue l'entrée de l'Uruguay et du Paranà.

Ajoutons cependant que, le gouvernement argentin nous eût-il prohibé cette entrée, l'intérêt qu'il y aurait pour nous de l'obtenir ne vaudrait certes pas les embarras, les dépenses que nous coûterait une guerre soutenue à 3,000 lieues de la France, et surtout le sang de nos soldats que nous irions y verser. Il est facile d'en juger.

En remontant à 80 kilomètres environ de l'endroit où l'Uruguay se jette dans le Rio de la Plata, on trouve ce fleuve barré par des *saltos* ou cataractes qui ferment le passage aux navires.

La navigation du Paranà n'offre pas moins d'obstacles; l'expérience qui eut lieu après le combat d'Obligado l'a bien prouvé.

A la suite de cette affaire, 95 petits navires, parmi lesquels 20 seulement étaient européens, essayèrent de remonter le fleuve, remorqués qu'ils étaient par trois vapeurs. Un seul de ces remorqueurs put arriver au but; et quant aux bâtiments marchands, plusieurs périrent dans le voyage.

L'expédition dura huit mois, c'est-à-dire deux fois autant qu'il en faut à un vaisseau pour aller du Havre à Buenos-Ayres et en revenir. On s'aperçut trop tard que les rapides, les bas-fonds, les sinuosités du fleuve n'en permettaient la navigation qu'aux bâtiments qui ne tirent que très-peu d'eau.

« ART. 7. Le gouvernement français ayant déclaré qu'il est pleinement admis et reconnu que la République argentine est dans la possession et la jouissance incontestable de tous les droits de la paix ou de la guerre appartenant à un Etat indépendant, et que si le cours des événements qui ont eu lieu dans la République orientale a mis les puissances alliées dans la nécessité d'interrompre temporairement l'exercice du droit de la guerre de la part de la République argentine, il est pleinement admis que les principes d'après lesquels elles ont agi auraient été, dans des circonstances analogues, applicables à la France et à la Grande-Bretagne ; il reste convenu que le gouvernement argentin, eu égard à cette déclaration, réserve son droit pour le discuter dans un moment opportun avec le gouvernement français en ce qui touche l'application du principe. »

Cet article est sans véritable importance. « Il n'a, dit la *Revue des Deux-Mondes*, dans l'excellente notice que déjà nous avons citée plus haut, il n'a, dans sa phraséologie singulière, d'autre portée que de consacrer, en faveur de la Confédération argentine, tous les droit d'Etat souverain et indépendant. Il y a dans cette insistance à proclamer, à la face de la vieille Europe, des droits de souveraineté que personne n'a jamais sérieusement contestés, quelque chose de puéril qu'il faut pardonner à ces républiques naissantes de l'Amérique. »

« ART. 8. Si le gouvernement de Montevideo se refusait à licencier les troupes étrangères, et notamment à désarmer celles qui font partie de la garnison de Montevideo, ou s'il différait inutilement l'exécution de cette mesure, le plénipotentiaire de la République française déclarera qu'il a reçu l'ordre de cesser toute intervention ultérieure, et se retirera, en conséquence, dans le cas où ses recommandations et représentations demeureraient sans effet. »

Cet article est purement comminatoire, et il n'y aura pas lieu évidemment de le mettre à exécution.

Il est nécessaire, toutefois, de prendre ses précautions à l'égard des compagnons d'armes de Garibaldi, des héros du sac de Colonia. Il faut que les 600 aventuriers qui, seuls, mettent encore obstacle à la politique pacificatrice de la mère-patrie, soient mis en demeure d'obéir à ses désirs, à sa volonté.

D'après M. Edmond Blanc, c'est Rosas qui règle ainsi la conduite que la France doit tenir à l'égard de ses nationaux insoumis.

Oh! l'on connaît ce vieux moyen de passionner le débat en nous montrant toujours soumis à l'influence de nos adversaires; mais nous doutons qu'ici il puisse produire de l'effet. Qui donc croira qu'il dépend du général Rosas de prescrire à la France, à la France, entendez-vous? la conduite qu'elle doit tenir envers ses nationaux? — Il est pour nous, Monsieur, un mobile plus sérieux et plus puissant que le chef de la Confédération argentine; c'est le droit international, c'est la raison, c'est le bon sens, qui disent que l'obstination que mettraient nos compatriotes de la Plata à s'armer contre l'aveu de leur gouvernement, à braver les ordres qui leur seraient transmis par nos agents, serait une révolte audacieuse, impardonnable, contre l'autorité de la mère-patrie!

» ART. 9. Le gouvernement argentin ayant déclaré qu'il concluerait cette convention sous la condition que son allié S. E. le brigadier don Manuel Oribe y aurait préalablement donné son assentiment, ce qui est pour la Confédération argentine une condition indispensable de tout arrangement des différends existants, a déjà sollicité son consentement, et le gouvernement de la République française a fait avec ledit allié le traité qui le concerne. Le gouvernement argentin ayant obtenu ce consentement, et le gouvernement français ayant fait le traité, il produira définitivement son effet. »

Cette disposition du traité résulte de la situation respective dans laquelle se trouvaient, l'un à l'égard de l'autre, le général Oribe et le gouvernement argentin. Tandis que Lavalle et Rivera n'étaient, par rapport à nous, que des auxiliaires à notre solde, le général Oribe, lui, se trouvait l'allié de la Confédération. Il est donc tout simple que celle-ci ne puisse ni ne veuille traiter sans lui ni en dehors de lui.

M. Edmond Blanc ne fait qu'un seul reproche à cet article, mais ce reproche est singulier. Il trouve mauvais que le général Rosas y donne au général Oribe le titre de son allié, et que la France consente à l'emploi de cette qualification. Mais de quel autre titre veut-il donc qu'on se serve ici ? — Un allié, mais.... c'est un allié !

« Art. 10. Le gouvernement de la Confédération ayant déclaré spontanément et conformément à ses principes constants, qu'il ne trouve pas de la compétence du gouvernement argentin, mais de celle du gouvernement de la République orientale de l'Uruguay, les points relatifs aux affaires de cette république, ces points sont réservés à S. E. don Manuel Oribe, dans la convention qu'il fera avec le gouvernement français. »

Le gouvernement de la Confédération argentine reconnaît son incompétence en tout ce qui concerne les affaires intérieures de la république de l'Uruguay. C'est là encore une reconnaissance explicite de l'indépendance de l'Etat oriental, tel qu'il a été constitué par le traité de Rio-Janeiro.

« Art. 11. Il est entendu que dans les copies du présent traité dans le texte français, le titre de S. E. le brigadier don Manuel Oribe sera donné à l'allié de la Confédération, et dans le texte espagnol le titre et la qualité de S. E. le président de l'État oriental d'Uruguay, le brigadier Oribe, et dans la version française, on désignera sous le nom de gouvernement de Montevideo, les autorités qui y sont établies; dans la version espagnole, on leur donnera le dénomination d'autorité *de facto* de Montevideo. »

Article purement de cérémonial diplomatique, sans portée pour nous. Toutefois, la France y maintient son droit, et, sous ce rapport, elle est libre de ne point reconnaître, en ce qui la concerne, le général Oribe comme président légal de la république de l'Uruguay.

« Art. 12. En attendant la publication du présent traité, une parfaite amitié entre le gouvernement français et celui de la Confédération rétablit l'ancien état de bonne intelligence et de cordialité. »

Cette disposition nous reporte à l'état de choses précédent, établi par l'art. 5 du traité du 29 octobre 1840, par lequel *le traitement de la nation la plus favorisée nous était accordé.*

Là encore, M. Edmond Blanc trouve sujet à reprendre; il nous permettra de le laisser faire.

« Art. 13. Le présent traité sera ratifié par le gouvernement argentin quinze jours après la présentation de la ratification par le gouvernement de la République française, et les deux ratifications seront échangées. En foi de quoi, les plénipotentiaires ont signé et scellé le présent traité.

» Buenos-Ayres, le 1849.

» *Signé :* J. Le Prédour, P. Arana. »

X.

Tel est le traité dont M. Edmond Blanc a osé faire un résumé tellement inexact, que la citation seule des textes qu'il cite à l'appui de ses allégations, en est une énergique réfutation.

A notre tour, nous allons donner le résultat de notre analyse, tout contraire à celui qui a été publié par cet honorable auteur, et nous défions cependant qu'on puisse mettre aucune des propositions que nous allons formuler, en opposition avec les dispositions qu'elles sont destinées à résumer.

Résumé :

La France, bien qu'elle ne se fût pas engagée à maintenir

l'indépendance de la République de l'Uruguay, désirait que cette indépendance fût reconnue et consacrée. — Le préambule du projet de traité, les art. 1er et 10 lui donnent pleine satisfaction à ce sujet.

La France voulait la pacification des partis dans la Plata ; — cette pacification résultera de l'exécution de l'art. 1er des deux projets et de l'art. 5 du projet spécial au général Oribe, par lequel l'oubli du passé est garanti et l'amnistie stipulée.

La France demandait que le principe des indemnités qui pourraient être dues à ses nationaux fût reconnu ; — la seconde partie de l'art. 5 du dernier projet dont il vient d'être parlé, admet le principe de ces indemnités.

La France enfin désirait le rétablissement de l'état de choses antérieur qui lui assurait dans la Plata le traitement de la nation la plus favorisée ; — le désir de la France est rempli par l'art. 12 de la convention faite avec la Confédération argentine.

DOCUMENTS.

1°

État en 1836 de la population des provinces de la Confédération argentine (1).

Province de Buenos-Ayres, 180 à 200,000 habitants, dont 80,000 (2) pour la capitale.
    »   Santa-Fé   15 à 20,000   »   »
    »   Entre-Rios   »   30,000   »   »
    »   Corrientès   35 à 40,000   »   »
    »   Santiago   45 à 50,000   »   4,000   »
    »   Cordoba   80 à 85,000   »   14,000   »
    »   Tucuman   40 à 45,000   »   8,000   »
    »   Salto   50 à 60,000   »   9,000   »
    »   Catamarca   30 à 35,000   »   4,000   »
    »   La Rioja   18 à 20,000   »   »
    »   San-Luis   20 à 25,000   »   »
    »   Mendoza   55 à 40,000   »   13,000   »
    »   San-Juan   22 à 25,000   »   »

                        600 à 675,000 habitants.

On n'a pas compris dans ce chiffre les Indiens indépendants qui habitent le territoire de la République.

2°

Documents sur le commerce maritime général de Buenos-Ayres.

Pour donner une idée de l'importance actuelle de ce commerce, nous prenons dans les rapports officiels les détails suivants, relatifs au mouvement du port de Buenos-Ayres, pendant trois mois pris au hasard de cette année 1849.

	D'OUTRE-MER.		CABOTAGE.		TOTAL GÉNÉRAL.	
	NAVIRES.	TONNAGE.	NAVIRES.	TONNAGE.	NAVIRES.	TONNAGE.
Arrivés à Buenos-Ayres en mars.	56	11,418	276	5,810		
— — juin.	59	11,854	294	7,052		
— — juillet.	48	9,353	330	8,952		
Partis de Buenos-Ayres en mars.	77	17,612	211	5,130		
— — juin.	40	9,094	286	5,896		
— — juillet.	52	12,574	204	5,067		
TOTAL. Navires.........	338	»	1,601	»	1,939	
TOTAL. Tonnage.........	»	71,905	»	37,907	»	109,812

(1) D'après l'ouvrage publié en 1839 par sir Woodhine Parish, qui fut plusieurs années chargé d'affaires de S. M. à Buenos-Ayres.
(2) Aujourd'hui Buenos-Ayres compte de 100 à 110,000 habitants.

3°

Intercours entre la France et Buenos-Ayres pendant 1849.

A. — Commerce de trois des principaux ports de France avec Buenos-Ayres, du 1ᵉʳ janvier 1849 au 10 novembre suivant.

a. — Du Havre à BUENOS-AYRES.

NOMS DES NAVIRES.	TONNAGE.	DATE des DÉPARTS.	VALEUR approximative	DÉSIGNATION DES MARCHANDISES.
Sultan........	227	janvier 5	350,000	Tissus de soie.
Magnus.......	209	— 30	320,000	Coton.
Napoléon.....	227	février 12	475,000	Soie et coton.
Guarani......	234	mars 15	475,000	Coton et laine.
Camoëns......	285	— 14	200,000	Laine
Rio	224	mai 1	275,000	Laine et soie.
Anna.........	247	— 23	475,000	Papiers peints, parfumerie.
Perruche.....	210	juin 16	250,000	Modes, draps, quincaillerie.
Parana	256	— 30	450,000	Meubles, peaux préparées, librairie.
Virginie......	166	juillet 24	250,000	Chapeaux, produits chimiques.
Normand	258	août 2	500,000	Armes, bronzes, toitures.
An-Kover.....	196	— 23	350,000	Machines hydrauliques, porcelaines.
Omega	222	sept. 7	470,000	Horloges, sellerie.
Philanthrope..	194	— 22	5,000	Vins et liqueurs.
Printemps....	220	octob. 6	320,000	Carreaux, briques à bâtir, comestibles.
Casimir	227	— 10	650,000	
2° *Voy.* Sultan.	227	nov. 9	200,000	
Universel.....	267	— 9	650,000	
Henri IV......	253	— 10	550,000	
19 navires.	4349		7,215,000	

à. — Supplément au précédent tableau.

(Du 10 novembre 1849 jusqu'au 20 décembre.)

Phénix	150...	novembre 26...	350,000
Henriette	»	décembre 2...	400,000
2° *Voy.* Guarani	»	— »	800,000
Ernest............	»	— 20...	600,000

23 navires............ 9,365,000

b. — De Marseille à BUENOS-AYRES.

NAVIRES.	CAPITAINES.	TONNAGE.
Nouveau Provençal......	Segalas.	210
Banaré...............	Magnan.	171
Henry et Louise........	Gautbier.	290
Chasseur.	Sylvestre.	192
Banaré.	Martio..	171
Tevere (Sarde).........	»	»
Nenny................	»	»

7 navires.

c. — De Bordeaux à BUENOS-AYRES.

1er voyage.	Alexandre	français.
	Echo	»
	Virginie-Gabrielle	»
	Nouvel-Alfred	»
	Aurora	norvégien
	Phénix	français.
	Artémise	»
1er voyage	Coriolan	»
	Eucharis	»
	Xavier de Paula	sarde.
	José	
1er voyage.	Paquebot de la Plata	
	Nautiolus.	
	Lyon.	
	Syrène.	
	Australie.	
	Eugène.	
	Jean-Évariste.	
	Norna.	
	Ajax.	
2e voyage.	Coriolan,	
»	Écho.	
	Tonnerre de Bordeaux.	
	Paquebot le Paraná.	

24 navires.

B. — Commerce de Buenos-Ayres avec trois des principaux ports de France, du 1er janvier 1849 au 10 novembre suivant.

a. — De Buenos-Ayres AU HAVRE.

DATES de L'ARRIVÉE.	NUMÉROS.	NOMS DES NAVIRES.	CUIRS SECS et SALÉS VERT.	FUTS et CAISSES SUIF.	LAINE et PEAUX de mouton EN LAINE.	CRINS.	CORNES.	PLUMES.	OBSERVATIONS.
					Balles.	Balles.	Grenier	Balles.	
Janvier.	1	Guarani	7,040	562	139	»	1	2	196,056 cuirs. Valeur. 3,000,000 f.
»	2	Coriolan	9,519	103	15	»	1	»	6,367 F.-C. Suif... 1,000,000
Février.	3	Alfred	12,672	80	45	»	1	»	786 B. Laine..... 589,000
Mars.	4	Rio	10,906	60	30	»	»	»	408 B Crins..... 200,000
»	5	Louise	12,350	200	10	10	»	»	Cornes 50,000
»	6	Anna	13,286	42	72	20	»	»	Plumes 20,000
Avril.	7	Parana	10,406	578	95	»	1	»	Marchandises diverses
Mai.	8	Manuelita	6,977	450	86	»	1	»	non désignées..... 100,000
Juin.	9	Omega	11,729	545	8	»	1	»	4,950,000
»	10	Virgine Gabrielle	8,469	307	79	70	1	»	
»	11	Gustave II	7,107	312	»	»	»	»	4 millions neuf cent cinquante mille francs.
»	12	Atalante	»	»	32	34	1	»	
»	13	Echo	9,130	360	2	»	1	»	
Juillet.	14	Félix	10,733	482	2	»	1	»	
»	15	Antoinette	10,476	178	84	12	1	3	
»	16	Castravan	8,818	809	»	»	»	»	
Septembre.	17	Universel	10,693	»	»	»	»	»	
»	18	Guarani	8,214	539	52	5	»	8	
»	19	José	7,546	446	16	5	1	2	
»	20	Camoens	10,632	256	»	87	1	1	
»	21	Sultan	6,542	240	22	125	»	2	
»	22	Coriolan	3,441	927	»	40	1	»	
			196,056	6,367	786	408	13	18	

a. — **Supplément au tableau a.**

Navires arrivés de Buenos-Ayres au Havre, du 10 novembre au 10 décembre.

DATE.	NUMÉROS.	NOMS DES NAVIRES.	VALEUR APPROXIMATIVE.
Novembre.	22	»	4,050,000 fr.
24	1	Rio...............	140,000
Décemb. 8.	1	Paquebot de la Plata....	250,000
	24		5,340,000 fr.

b. — **De Buenos-Ayres à MARSEILLE.**

NAVIRES.	CAPITAINES.	TONNAGE.
Chasseur...............	Sylvestre.	192
Élizabeth..............	Gallet.	»
Banaré................	Magnan.	171
Napoléon..............	Rubardy.	»
Allha-Kerim.,.........	»	126
Henry et Louise.......	Gauthier.	290
Soleil................	Rivière.	140
7 navires.		

c. — **De Buenos-Ayres à BORDEAUX.**

Nota. Il n'y a point ou peu de *retour* de Buenos-Ayres à Bordeaux, à raison du commerce spécial de ce dernier port. Les navires qui en partent chargés de vins retournent à une destination différente de leur point de départ.

4°

Intercours entre la France et Montevideo pendant 1849.

A. Commerce de trois des principaux ports de France avec Montevideo, du 1ᵉʳ janvier 1849 au 10 novembre suivant.

a. — Du Havre à MONTEVIDEO.

C'est le seul point sur lequel les documents officiels nous manquent.

b. — De Marseille à MONTEVIDEO.

Le Tigre.
Mélanie.

2 navires.

c. — De Bordeaux à MONTEVIDEO.

Mazagran.
Paquebot bordelais, n° 5.
Bonne Jenny.
Milan.
Resurrezion (autrichien).
Marie-Angélique.
Alice Raymond.
José.

8 navires.

B. — *Commerce de Montevideo avec trois des principaux ports de France.*

Du 1ᵉʳ janvier 1849 au 10 novembre suivant.

a. — De Montevideo AU HAVRE.

DATES des ARRIVÉES.	NOMS des NAVIRES.	Cuirs secs et salés.	Suif.	Laine et peaux de mouton avec laine.	Crins.	Cornes.	OBSERVATIONS.
Avril.......	Sirène.....	15,796	180	»	2	»	28,427 cuirs, valeurs,... fr. 250,000
Mai........	Jasses.....	1,153	28	»	»	1	Suif............ 20,000
Juin........	Villain.....	11,478	»	6	76	1	Laine........... 1,000
							Crins........... 50,000
	3	28,427	208	6	78	2	Divers march⁵.. 12,000
							Total.. 333,00

b. — De Montevideo à MARSEILLE.

NATIONALITÉ.	NOMS DES NAVIRES.	Cuirs secs et salés.	Suif.	Crins.	Cornes.
Sarde	Australie........	10,600	160	1	1
	Carolina.........	5.032	"	"	"
	2	15,652	160	1	1

c. — De Montevideo à BORDEAUX.

Voir la note relative au commerce entre Buenos-Ayres et Bordeaux, p. 41.

www.ingramcontent.com/pod-product-compliance
Lightning Source LLC
Chambersburg PA
CBHW060506050426
42451CB00009B/851